Inhaltsverzeichnis

Mit im Wind wehender Mähne galoppiert der schwarze Hengst über die Wiese. Die Augen glänzen wach und lebendig, ab und an wiehert er laut. Zuerst galoppiert er entspannt und locker, dann fällt er in einen ruhigen Trab, schließlich in den Schritt und hält schnaubend an. Majestätisch hebt der Hengst seinen Kopf und schaut sich um.

Pferde sind edle und beeindruckende Tiere, die schon seit Jahrtausenden wichtige Helfer und Begleiter für den Menschen sind. Man sagt nicht umsonst „auf dem Rücken der Pferde liegt das Glück der Erde". Reiten verbindet Mensch und Tier. Du siehst die Welt für einen Moment aus einer anderen Perspektive, spürst das warme Fell, die Atmung und die rhythmischen gleichmäßigen Bewegungen des Pferdes unter dir. Durch den Umgang mit Pferden und durch das Reiten lernst du nicht nur diese sensiblen wunderschönen Tiere besser kennen, sondern auch dich selbst.

Dieses Buch begleitet dich beim Umgang mit Pferden sowie beim Reitenlernen.

Ob Pferdesprache, Pferderassen, Haltung, Pflege oder Ausrüstung und Reitlehre — auf diesen tollen Seiten findest du alles, was du über deine Lieblingstiere wissen musst.

Dabei spielt es keine Rolle, ob du noch nie auf einem Pferd gesessen hast, Anfänger oder fortgeschritten bist.

Mithilfe dieses Buches kannst du ganz in die Welt der Pferde eintauchen. Du wirst sie lesen und verstehen lernen, ihre Geschichte kennen und ihre Art und Weise, zusammenzuleben. Dazu wirst du erfahren, wie du mit Pferden sprichst, sie (und dich) auf den Ritt vorbereitest und wie du selbstsicher reiten lernst.

Es erwarten dich viele spannende Fakten und Bilder über Pferde und das Reiten. Außerdem kannst du dein neues Wissen gleich auf die Probe stellen: Suchrätsel, Logikspiele und Labyrinth-Rätsel geben dir die Chance, auf spielerische Art und Weise zu lernen. So wirst du innerhalb kurzer Zeit zum Pferde- und Reitprofi.

Mit dem Pferdequiz kannst du mit deinen Freunden oder deiner Familie zusammen üben. Dann macht das Lernen gleich umso mehr Spaß! Fragt euch gegenseitig ab, lacht gemeinsam über falsche Antworten (Übung macht bekanntlich den Meister) und erlebt viele Aha-Momente und Wow-Effekte.

Pferdefans, seid ihr bereit? Dann kann es jetzt endlich losgehen!

Fakt 1
Woher kommen eigentlich unsere Pferde?

Zur Gattung der Pferde gehören die Wildpferde, das Przewalski-Pferd, die Esel und die Zebras. Wenn in der Alltagssprache von Pferden gesprochen wird, ist aber meist das Hauspferd gemeint. Alle Pferdearten haben eins gemeinsam: Ursprünglich lebten sie im südlichen Teil Afrikas sowie in Asien in Landschaften mit wenig Bäumen und ernährten sich hauptsächlich von Gras. Vor rund 5.000 Jahren begann der Mensch, Wildpferde zu fangen, zu zähmen und sie als Arbeitstiere zu nutzen.

Früher galten die einst in Kasachstan lebenden sogenannten Botaipferde als Vorfahren aller heutigen Pferde. Inzwischen weiß man aber, dass keine der heutigen Pferderassen von den Botaipferden abstammt. Damit sind wild lebende Pferde keine echten Wildpferde, sondern nur verwilderte Hauspferde. Die ursprünglichen Wildpferde gelten als ausgestorben.

Fakt 2
Das Herden- und Fluchttierpferd

Instinkte sind tief in Pferden verankert und steuern ihr Verhalten. Pferde sind Fluchttiere, die in Herden zusammenleben. In der Natur besteht die Herde aus einem dominanten Hengst sowie mehreren Stuten und Fohlen . Die älteren Stuten laufen außen und haben die Aufgabe, nach möglichen Gefahren Ausschau zu halten. An oberster Stelle der Rangordnung steht eine Leitstute, die die Herde führt. Der Hengst läuft hinter den Stuten und passt auf, dass alle zusammenbleiben. Muttertiere kümmern sich um die Fohlen und erziehen diese. Wenn die Junghengste (Colts genannt) älter werden, versucht der Hengst eines Tages, sie zu vertreiben. Die Colts können sich nun entscheiden, zu verschwinden oder mit dem Hengst zu kämpfen, um die Führung zu übernehmen.

Fakt 3
Entstehung unserer Reitpferde. Vom Wildtier zum Nutztier zum Haustier

Menschen halten Pferde schon seit etwa 5.000 bis 6.000 Jahren als Haus- und Nutztiere. Pferde zu zähmen, war ein großer Fortschritt für die Menschheit und Weiterentwicklung der Völker. Die Arbeitspferde waren wichtige Helfer in der Landwirtschaft und bei der Jagd, konnten schwere Dinge tragen und machten lange Reisen möglich. So wurden die Tiere auch in Kriegen eingesetzt, im Gütertransport und um Nachrichten zu verbreiten. Erst als Verbrennungsmotoren, Landwirtschaftsmaschinen, Transportmittel und Waffen entwickelt wurden, änderte sich dies. Heutzutage werden Pferde vor allem als Sport- und Freizeitpartner gesehen.

Fakt 4
Sinnesorgane des Pferdes

Das Pferd nimmt die Umwelt durch seine Sinnesorgane wahr.. Mit den Ohren, Augen, Nüstern und der Zunge können sich Pferde einen Eindruck von der Umgebung verschaffen.

Pferde verfügen einen Weitwinkelblick. Das liegt daran, dass die Augen seitlich am Kopf platziert sind. Dadurch hat das Pferd eine Rundumsicht und kann nach vorne, zur Seite und nach hinten schauen. Nur ganz hinten befindet sich ein toter Winkel.

Dafür können Pferde nicht gut räumlich sehen und auch Entfernungen nur schlecht einschätzen. Als Fluchttiere können sie aber Bewegungen und Umrisse besser wahrnehmen.

Findest du den richtigen Weg aus dem Labyrinth?
Zeichne den richtigen Weg ein!

Fakt 5

Geruchssinn der Pferde

Pferde haben einen ausgezeichneten Geruchssinn, mit dem sie drohende Gefahren wittern können. Zudem nutzen sie den Sinn, um den Geruch ihrer Artgenossen wahrzunehmen. Auch Stuten und ihre Fohlen können sich mithilfe des Geruchs wiederfinden, wenn sie sich mal aus den Augen verloren haben. Hengste nutzen den feinen Geruchssinn, um paarungsbereite Stuten ausfindig zu machen.

Den Geruch nimmt das Pferd über die Nüstern auf, der dann auf die Riechschleimhaut gelangt. Diese Riechschleimhaut verteilt sich im gesamten Pferdekopf und filtert die Duftstoffe. Anschließend werden die Duftstoffe über die Nerven zum Gehirn weitergeleitet.

Übrigens können Pferde auch menschliche Angst riechen.

Fakt 6

Das erstaunliche Pferdegehör

Das Gehör der Pferde ist viel besser ausgeprägt als das von Menschen. Pferde können hohe Frequenzen wahrnehmen. Auch die trichterförmige, drehbare Form der Ohren ermöglicht es den Tieren, Schall einfacher aufzufangen. Das Pferd kann seine Ohrmuschel immer in die Richtung des Geräusches drehen und damit das Geräusch genau lokalisieren. Indem es die Ohren flach anlegt, kann es diese sogar verschließen. Da der Hörsinn der Pferde immer aktiv ist, können sie selbst beim Schlafen Geräusche erfassen.

Fakt 7
Wie Pferde schmecken

Wenn sich Pferde auf Nahrungssuche begeben, haben Geschmacks- und Geruchssinn eine große Bedeutung. Pferde können Geschmäcker unterscheiden und dadurch auf süßen und bitteren Geschmack anders reagieren. Das zeigt sich dann auch in den Gesichtsausdrücken der Tiere. Pferde besitzen rund 35.000 Geschmacksnerven, mit denen sie ganz genau schmecken können, ob etwas genießbar ist oder nicht.

Fakt 8
Körperkontakt und Stimmungsaustausch

Am Maul und rund um die Nüstern haben Pferde unzählige Tasthaare, die über Nerven mit dem Gehirn verbunden sind. Mit deren Hilfe können sie Abstände zu Gegenständen oder Artgenossen einschätzen und diese halten. Die Haut der Pferde reagiert wie bei uns auf Wärme und Kälte. Über den Kontakt können sie auch Stimmungen austauschen. So berühren sie sich beispielsweise zur Begrüßung häufig mit der Nase. Wenn sich Pferde ganz besonders mögen, putzen sie sich auch gegenseitig das Fell.

Weiterhin können Pferde über ihre Hufe Bodenschwingungen wahrnehmen. Diese werden dann direkt an das Gehirn weitergeleitet.

Verbinde die Punkte in der richtigen Reihenfolge und sei gespannt, wie das Bild aussehen wird.

Fakt 9

Die Körpersprache des Pferdes

Pferde sind sehr soziale Tiere, die hauptsächlich durch Körpersprache kommunizieren. Über Mimik (Ohrenspiel, Gesichtsausdruck) und Gestik (Körpersprache) senden sie sich untereinander Signale. Diese Signale sind wichtig, um das Herdenleben zu organisieren. Die Körperhaltung von Pferden zeigt, ob es freundlich oder unfreundlich gestimmt ist, erschöpft, aufgeregt, ruhig oder entspannt ist. Wenn ein Pferd beispielsweise dem anderen den Hintern zudreht, dann droht es ihm oder zeigt Kampfbereitschaft.

Fakt 10
Die Fellpflege unter Pferden

Die Fellpflege ist besonders wichtig für die Kommunikation untereinander. Es gelten feste Regeln: Sich vertraute Pferde kraulen sich gegenseitig und stehen oft eng beieinander. Ranghohe Pferde dürfen rangniedrige putzen; umgekehrt nur, wenn die ranghöheren das auch wollen. Beim Kraulen kratzen sie mit den Zähnen die losen Haare heraus.

Fakt 11
Was die Ohrposition verrät

Besonders die Ohrenhaltung verrät viel über das Seelenleben der Pferde. Anhand der Ohrenstellung kann man erkennen, wo die Aufmerksamkeit des Tieres ist und ob es wütend, freundlich, krank oder entspannt ist. Hat das Pferd Kopf und Hals gesenkt und die Ohren nach vorn gestellt, zeigt es Interesse und Neugier.

Nach hinten gestellte Ohren bedeuten nicht nur Angst oder Unwohlsein, sondern stehen auch für Konzentration oder Spaß (beim Herumtollen).

Legt das Pferd die Ohren jedoch eng nach hinten, ist Vorsicht geboten. Damit signalisiert es Angst, Aggression, Schmerz und Stress.

Seitlich ausgerichtete, leicht hängende Ohren signalisieren Entspannung oder Langeweile. Hat es die Augen dabei etwas geschlossen, sollte sich dem Pferd nur ruhig genähert werden, damit es sich nicht erschrickt.

Fakt 12
Was für Lautsignale gibt es?

Über Laute kommunizieren Pferde nur bei großer Vertrautheit, Angst, Freude, Schmerz oder Wut. Vertrauen sich Pferde, brummeln sie freudig zur Begrüßung. Wiehern Pferde, dann rufen sie nach vertrauten Menschen oder Artgenossen. Es kann aber auch ein Ruf aus Angst oder Einsamkeit sein. Stuten und Fohlen kommunizieren durch leises Wiehern miteinander.

Ein spitzes Wiehern oder Quiekgeräusche dienen als Verteidigung in Streitsituationen untereinander. Wenn Pferde schnauben, drücken sie ihr Wohlbefinden oder ihre Erregung (beispielsweise Angst) aus. Manchmal stöhnen Pferde auch, wenn sie angespannt sind oder Schmerzen haben.

Vor allem wenn sich Pferde bewegen, schnauben sie Luft aus den Nüstern. Damit zeigen sie Wohlbefinden und Entspannung.

Lass deiner Fantasie freien Lauf und bemale dein Pferde Mandala nach deinen Wünschen.

Fakt 13
Die Bedeutung von Jagd- und Kampfspielen

Beim Spielen trainieren junge Pferde ihre Kraft und Geschicklichkeit, um sich im Notfall in Sicherheit bringen zu können. Diese Jagd- und Kampfspiele sind später für sie überlebenswichtig. Außerdem testen Fohlen dadurch das Sozialverhalten in der Gruppe aus und lernen, ranghöheren Pferden auszuweichen oder rangniedrigere Tiere zu verscheuchen. Dies ist wichtig, um die Herdenstruktur zu sichern.

Kampfspiele können oft wild und gefährlich aussehen. Die Pferde steigen sich dabei an, schlagen mit den Vorderbeinen aufeinander ein und beißen sich in den Mähnenkamm, in die Vorderbeine, Hinterbacken oder in die Kehle. Besonders Stuten können sich während des Kampfspiels blitzschnell umdrehen und gegen den Gegner austeilen.

Fakt 14

Die Augen als Spiegel der Seele

Wenn Pferde lebhafte und glänzende Augen haben, ist das ein Zeichen für Freude und Wohlbefinden. Ein ausdrucksloser Blick kann Müdigkeit und Unwohlsein bedeuten. Ist auch der weiße Teil des Auges sichtbar, bedeutet es, dass das Pferd angespannt oder sogar ängstlich ist.

Fakt 15
Flehmen bei Pferden

Wenn ein Pferd „flehmt“, sieht das meist lustig aus: Beim „Flehmen“ schiebt es die Oberlippe nach oben und zeigt die Zähne. Meist machen Pferde dies, wenn sie einen interessanten Geruch intensiver riechen wollen. In einigen Fällen kann es jedoch auch auf Schmerzen hinweisen. Sind Pferde tiefenentspannt, lassen sie die Unterlippe locker herunterhängen.

Fakt 16
Die Haltung des Schweifes

Der Schweif sagt etwas über die Laune des Pferdes aus. Wenn er leicht angehoben ist und hin und her schwingt, hat das Pferd gute Laune und ist entspannt. Schlägt es mit dem Schweif aus, dann passt ihm meist etwas nicht. Ein zwischen den Beinen geklemmter Schweif signalisiert Angst.

Zeichnen kann so einfach sein. In sechs Schritten lernst Du, wie man ein Pferd zeichnet. Probiere es aus und zeige das Ergebnis deinen Eltern.

Fakt 17

Kommunikation zwischen Pferd und Mensch

Pferde sind sehr neugierig und lernen im Laufe ihres Lebens, die Gesten, Mimik, Gemütszustände und Kommandos von Menschen immer besser zu deuten. Wichtig bei der Kommunikation zwischen Pferd und Mensch ist die Klarheit. Wenn nicht eindeutig kommuniziert wird, können das Pferd und auch der Besitzer etwas missverstehen und unsicher reagieren. Wenn beide aber einen gemeinsamen Kommunikationsweg gefunden haben und sich das Pferd verstanden fühlt, dann kann eine echte Verbindung zwischen Reiter und Pferd entstehen. Wichtig ist, dass man gelassen, geduldig und bestimmt bleibt und bereit ist, aus Fehlern zu lernen.

Es geht nicht um Machtausübung und Unterwerfung, sondern um Vertrauen und Verständnis.

Fakt 18
Wie lernt man Pferdesprache?

Was bedeutet es, wenn ein Pferd wild mit dem Schweif peitscht oder mit dem Kopf schlägt? Pferde machen dies nicht nur, um nervige Fliegen loszuwerden. Auch wenn sich ein Pferd ärgert, sich nicht wohlfühlt oder etwas loswerden will, peitscht es mit dem Schwanz oder schlägt mit dem Kopf. So kann es auch sein, dass das Pferd dem Reiter signalisieren will, dass er gerade zu viel von ihm verlangt oder zu grob ist. Reiter sollten in diesen Momenten die Signale ernst nehmen.

Fakt 19

Die Richtung der Ohren

Mit den Ohren senden Pferde dem Menschen ebenfalls deutliche Signale. Wenn Pferde die Ohren flach nach hinten pressen, sollte man vorsichtig sein und den Grund für die Verärgerung herausfinden. Es gibt auch viele andere Situationen, in denen Pferde die Ohren anlegen, die aber nichts mit Aggression und Drohung zu tun haben.

Zeigen die Ohren in die Richtung des Menschen, dann ist das ein gutes Zeichen. Das bedeutet , dass sich das Pferd auf ihn konzentriert und ihm zuhört. Diese Ohrhaltung sieht man vor allem in der Bodenarbeit sowie beim Reiten. Sitzt der Reiter auf dem Pferderücken, dann dreht das Pferd seine Ohren zurück zu ihm.

Fakt 20
Stampfen in Pferdesprache

Pferde kommunizieren auch mit ihren Beinbewegungen. Wenn sie mit einem Vorder- oder Hinterbein stampfen, ist dies meist ein Zeichen von Ungeduld oder Unmut. So drücken Pferde auch Langeweile damit aus, wenn sie zum Beispiel zu lange unbeachtet am Putzplatz stehen und zurück zur Koppel oder zum Stall wollen.

Stampfen kann aber auch eine Warnung sein. Wenn das Pferd an einer schmerzhaften Stelle geputzt wird, stampft es mit einem Bein oder hebt ein Hinterbein an, um zu signalisieren, dass es dort nicht berührt werden möchte. Das Anheben eines Beines kann auch bedeuten, dass es kurz davor ist, auszutreten. Wenn ein Pferd dieses Verhalten zeigt, sollte man vorsichtig sein.

Wieviele Pferde zeigen nach links und nach rechts?

Fakt 21

Wegschauen in Pferdesprache

Die meisten Menschen nehmen Wegschauen persönlich und sind ein bisschen verärgert, wenn das Pferd den Blick abwendet. Man sollte aber nichts, was Pferde tun, persönlich nehmen, denn sie handeln nun einmal nach ihrer Natur. Es kann sein, dass das Pferd etwas gehört hat, was wir nicht hören können und nur weg schaut, um sicherzugehen, dass es keine Gefahr gibt. Auch wenn der Reiter das Pferd zu sehr unter Druck setzt, kann das Wegschauen eine Beschwichtigungsgeste sein.

Man sollte in diesem Moment also entspannt bleiben und seine Aufmerksamkeit wieder zu sich lenken – beispielsweise durch einen Schritt zur Seite oder ein leises Geräusch.

Fakt 22

Warnsignal: frontales Anstarren

Wenn ein Pferd einen frontal anstarrt und vielleicht sogar dabei in einer direkten Linie auf einen zuläuft und sich dabei groß macht, kann das als Aufforderung zum Ausweichen gemeint sein. Wenn man sich dem Pferd annähern möchte, sollte man entspannt bleiben, es nicht direkt anstarren und in einer geschwungenen Linie darauf zulaufen. Anstarren und direkt Hinlaufen ist ein „Raubtierverhalten" und kann sie beunruhigen und ihnen Angst machen. Haben Pferde einen entspannten Gesichtsausdruck und entspannte Ohren, wenn sie auf einen zulaufen, braucht man sich keine Sorgen zu machen.

Fakt 23
Pferdefreund-schaften

Wenn Pferde befreundet sind, fressen, stehen und gehen sie oft parallel nebeneinander und putzen sich gegenseitig. Parallel stehen oder laufen signalisiert also meist Sympathie und Freundschaft. Reiter können dies für sich nutzen, indem sie eine Weile neben dem Pferd stehen und zusammen in die Gegend schauen und die Zeit gemeinsam ausklingen lassen.

Fakt 24
Warnsignal: Hinterteil zudrehen

Dreht ein Pferd einem bewusst sein Hinterteil zu, ist das ein deutliches Warnzeichen in der Pferdesprache. Der nächste Schritt kann dann schnell ein angehobenes Bein oder auch ein Tritt sein. Da Pferde von Natur aus friedlich sind, geschieht dies nicht ohne Grund. Die wenigsten Halter erleben diese gefährliche Situation.

Wenn das Pferd es aber doch einmal tut, sollte man herausfinden, warum. So eine Warnung ist kein böser Wille des Tieres. Reiter müssen in diesen Momenten ruhig bleiben und sich aus der Gefahrensituation bringen.

Lass deiner Fantasie freien Lauf und bemale dein Pferdebild nach deinen Wünschen.

Fakt 25

Gähnen und Kauen in der Pferdesprache

Gähnen und Kauen können besonders bei einem intensiven Training bedeuten, dass sich das Pferd unter Druck gesetzt fühlt. Aber auch wenn sich Pferde nach einer angespannten Situation wieder entspannen, drücken sie dies mit Gähnen oder Kauen aus.

Vor allem am Morgen gähnen Pferde, um den Körper wachzurütteln und das Gehirn aufmerksam zu machen. Häufiges Pferdegähnen kann aber auch auf eine Erkrankung (beispielsweise Koliken und Magengeschwüre) hinweisen. Es ist deshalb wichtig, dass man das Pferd beobachtet.

Fakt 26

Körperbau des Pferdes

Es gibt leichte, mittelschwere und schwere Typen von Pferden. Der Körperbau des Pferdes ist je nach Rasse unterschiedlich. Ein Pferd hat drei große Körperabschnitte: die Vorderhand, Mittelhand und Hinterhand. Zur Vorderhand gehören Kopf, Hals, Schultern, Widerrist sowie die vorderen Gliedmaßen. Der Rumpf, Brustkorb, die Flanken und der Rücken bilden die Mittelhand. Zur Hinterhand zählen die Kruppe, die hinteren Gliedmaßen und der Schweif.

Fakt 27
Aufbau des Pferdeskeletts

Das Pferde-Skelett hat 205 Knochen, die durch Gelenke, Bänder und Sehnen verbunden sind. Man kann es sich als eine Art Sicherheitsgerüst vorstellen: Durch das Skelett werden die Weichteile und die inneren Organe des Pferdes geschützt. Aber auch für die Fortbewegung sind die Knochen wichtig. Menschen besitzen 206 Knochen, also einen Knochen mehr. Araber haben einen kürzeren Rücken, da sie nur fünf statt sechs Rückenwirbel und 16 statt 18 Schweifwirbel haben. Die Hinterbeine des Pferdes sind durch die Knochen mit dem Skelett verbunden und die Vorderbeine durch die Muskeln und das Bindegewebe.

Fakt 28
Wie groß werden Pferde?

Wie groß können Pferde werden? Die Größe von Pferden ist je nach Rasse unterschiedlich. Das Falabella Pony, auch Mini-Pony genannt, gilt als kleinstes Pferd der Welt. Es hat eine Schulterhöhe von rund 65 Zentimetern und ist damit sehr viel kleiner als andere Pferderassen. Die größte Pferderasse ist das Shire Horse. Diese Pferde können bis zu zwei Meter groß werden und 12.000 Kilogramm auf die Waage bringen.

Pferde, die eine Widerristhöhe bis 148 Zentimeter haben, bezeichnet man als Ponys. Alle Pferde, die größer sind, zählen zu den Großpferden.

Verbinde die Punkte in der richtigen Reihenfolge und sei gespannt, wie das Bild aussehen wird.

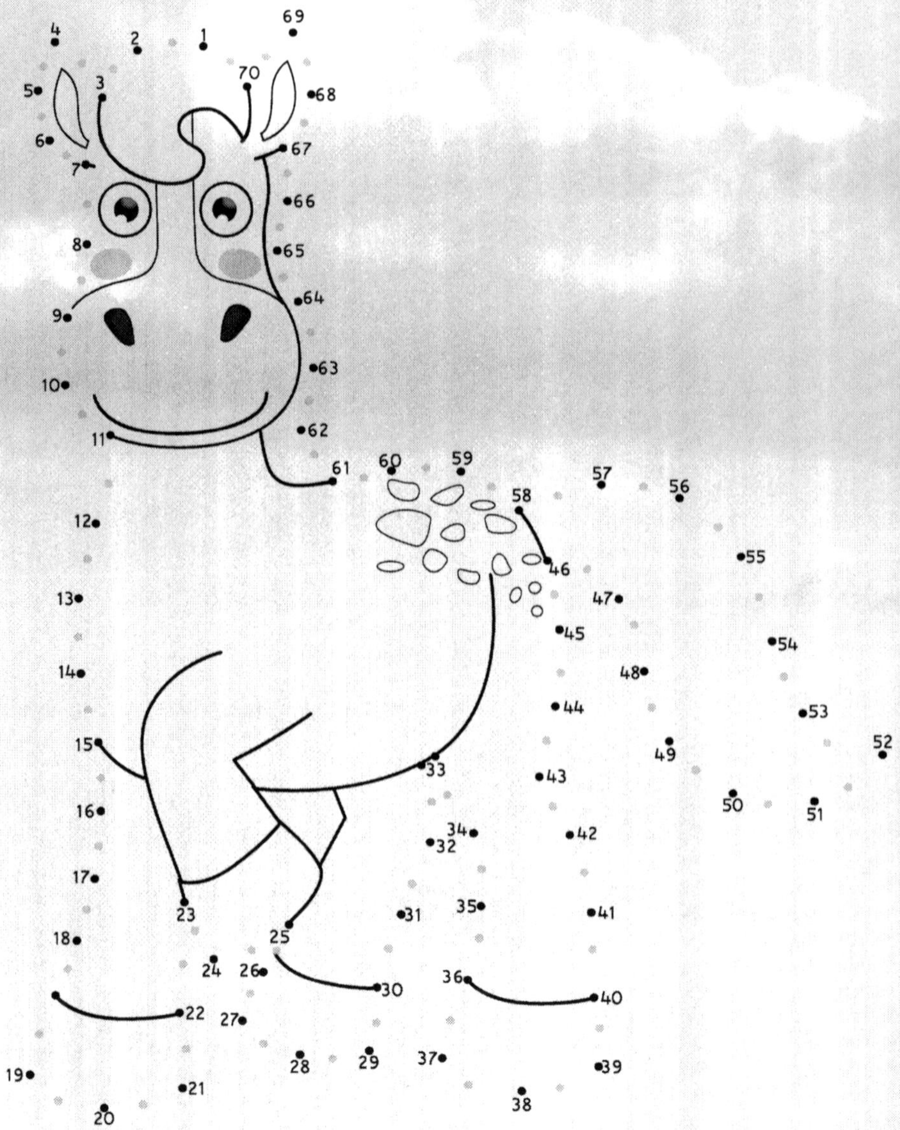

Fakt 29
Pferdezähne

Im Gegensatz zu Menschenzähnen, wachsen Pferdezähne nicht nach. Stattdessen werden sie nach und nach abgemahlen und verschieben sich. Pferde können zwischen 36 (Stuten) und 44 (Hengste und Wallache) Zähne haben. Das Gebiss besteht aus 12 Schneidezähnen, 4 Eckzähnen und 24 Backenzähnen.

Männliche Pferde haben außerdem Hengstzähne. Wenn die Hengste vier bis fünf Jahre alt sind, brechen diese durch die Schleimhaut, was für die Tiere etwas schmerzhaft sein kann. Die meisten Pferde haben auch Wolfszähne. Diese Zähne sind kleine Reste aus der Evolution und haben keine Funktion. Außerdem haben sie ein paar Milchzähne. Diese sind zum Teil schon bei der Geburt da, einige kommen erst etwas später.

Fakt 30

Pferd ist nicht gleich Pferd: Die verschiedenen Pferderassen

Weltweit gibt es über 400 Pferderassen. Diese besitzen meist ein einzigartiges Aussehen. So gibt es Rassen mit interessanten oder ungewöhnlichen Fellfarben, Abzeichen im Gesicht oder mit tollen langen dichten Mähnen. Einige Rassen haben einen Fesselbehang, einen Oberlippenbart, ein „Mehlmaul", gestreifte Hufe oder einen besonders weit oben getragenen Schweif. Wenn es um das Erscheinungsbild geht, kann man Pferde in Gruppen einteilen: Warmblüter, Vollblüter und Kaltblüter. Auch zwischen Pony, Kleinpferd und Großpferd wird unterschieden.

Fakt 31
Pferdegruppe: Kaltblüter

Kaltblüter haben ein ruhiges und sanftes Wesen. Dies liegt nicht nur an ihrer Masse: Kaltblüter sind sehr kräftig und können über 800 Kilogramm wiegen. Durch ihre Größe und ihr ruhiges Temperament werden sie oft als Zugpferd eingesetzt, zum Beispiel für das Ziehen von Kutschen. Auch die weltweit größte Pferderasse – das Shire Horse – gehört zu den Kaltblütern.

Warmblüter hingegen sind deutlich temperamentvoller. Sie haben einen mittelgroßen, leichteren Körperbau und sind wesentlich wendiger und leistungsbereiter. Die meisten Sport- und Freizeitpferde gehören zu den Warmblütern.

Vollblüter haben eine temperamentvolle und sensible Art. Es gibt die Arabischen Vollblüter und die Englischen Vollblüter. Aufgrund ihres zarten und leichten Körperbaus sind Vollblüter sehr schnell und beweglich. Oft werden sie für den schnellen Reitsport eingesetzt, wie beim Pferderennen.

Fakt 32

Die Zwerge unter den Pferden: Ponys

Ponys sind die Zwerge unter den Pferden. Aber auch wenn sie sehr klein sind, sind sie meist stämmig und robust. Sie haben meist eine dickere Mähne und einen dichteren Schweif als Pferde. Dazu haben sie kurze Beine, einen kräftigen Hals und einen breiteren Kopf. Ihr ruhiger und freundlicher Charakter zeichnet sie aus. Durch ihre sanftmütige Art und ihre Körpergröße werden sie gern fürs Kinderreiten eingesetzt.

Das Shetlandpony gilt als die beliebteste Ponyrasse. Aber auch der Haflinger, das Deutsche Reitpony, Dartmoor, das Welsh und das Connemara sind sehr begehrte Ponyrassen.

Finde die fehlenden Puzzleteile und füge das Bild zusammen.

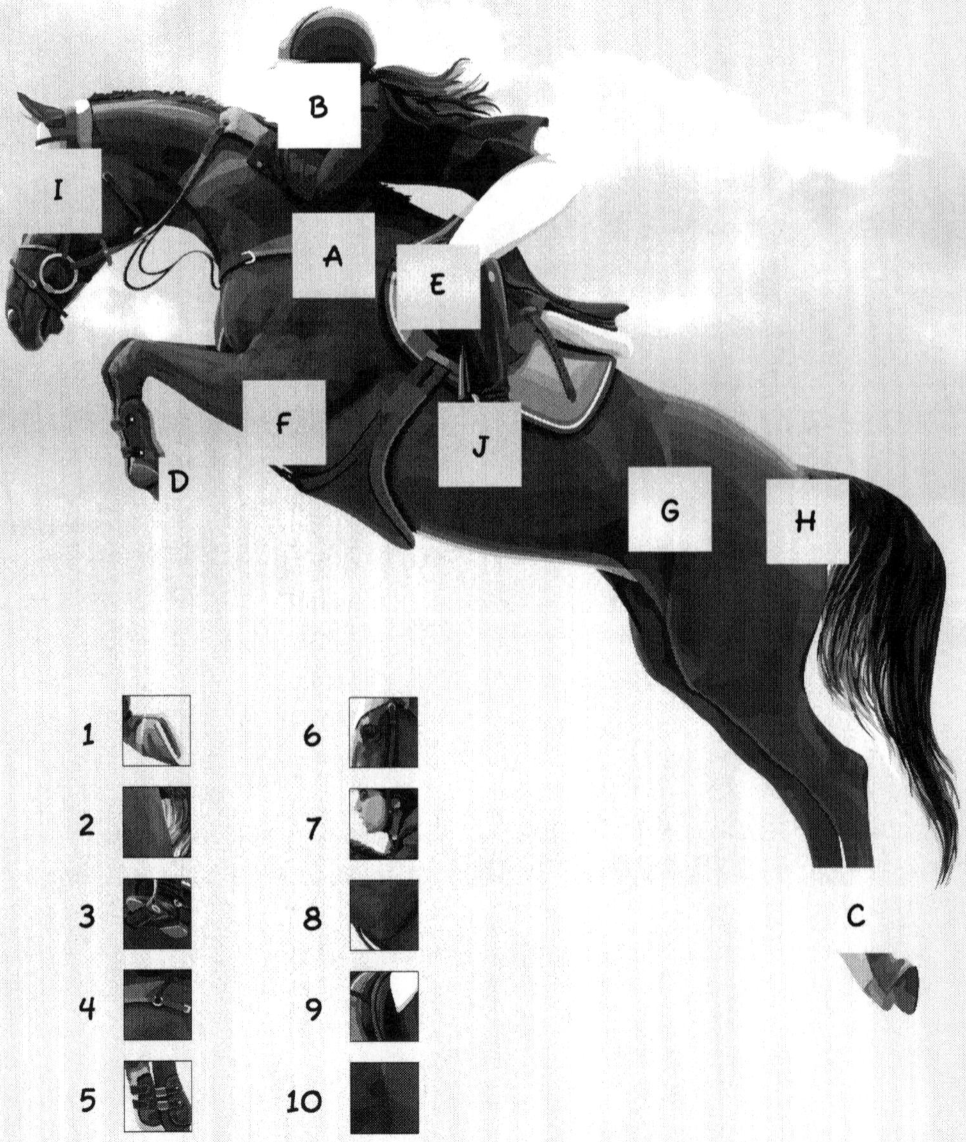

Fakt 33

Abzeichen bei Pferden

Abzeichen sind unveränderliche und angeborene Erkennungszeichen des Pferdes. Kleine weiße Abzeichen auf der Stirn werden je nach Größe und Form unterschiedlich genannt. So gibt es die Flocke: Dies ist nur eine winzig-kleine weiße Stelle auf der Stirn. Die Blume ist ein Fleck auf der Stirn, der etwa so groß ist wie eine Walnuss. Ein Stern ist ein weißer Fleck außerhalb des Nasenrückens. Das Flämmchen ist ein schmaler Strich, der nicht auf den Nasenrücken übergeht. Ein Keilstern ist ein weißer Stirnfleck, der auf dem Nasenrücken einen Auslauf hat.

Abzeichen, die von der Stirn bis zum Maul gehen, werden Blesse genannt. Es gibt den Strich, die schmale Blesse, die breite Blesse und die Laterne (sehr breite Blesse).

Ebenso gibt es die Schnippe. Das ist ein weißer Fleck zwischen den Nüstern des Pferdes. Das Milch- oder Mehlmaul ist eine weiße Zeichnung um die Lippen und Nüstern. Ein Krötenmaul beschreibt eine fleckige, weiße Zeichnung um die Lippen und Nüstern.

Auch an den Beinen können Pferde Abzeichen haben. So gibt es die weißen Ballen, die weiße Krone, halbweiße Fessel, weiße Fessel, den halbweißen Fuß, weißen Fuß und den hochweißen Fuß.

Sonstige Abzeichen sind der Aalstrich (dunkler Strich in der Mitte des Rückens), die Zebrastreifen und die gestreifte oder dunkle Hufe.

Fakt 34

Die verschiedenen Fellfarben

Es gibt vier Grundfarben beim Pferd: Hellbrauner, Rotbrauner, Dunkelbrauner und Schwarzbrauner. Als Pferde noch in der freien Wildbahn gelebt haben, war es sehr wichtig, dass sie vor Raubtieren gut getarnt waren. Dies funktionierte in der Steppe am besten mit einer bräunlichen Farbe. Das ist auch der Grund, wieso heute noch Brauntöne bei den Pferdefarben am häufigsten vorkommen.

Durch Züchtungen haben Menschen gezielt bestimmte Fellbarben verändert und die Pferdewelt dadurch „bunter gemacht". Trotzdem sind die vier Grundfarben heutzutage noch am häufigsten vertreten.

Fakt 35
Weiße Schönheiten: Schimmel

Wenn man von einem Schimmel spricht, ist ein Pferd mit grauem oder weißem Fell gemeint. Das Einzigartige bei Schimmeln ist, dass sie bei der Geburt nicht weiß oder grau geboren werden, sondern meistens in einer der anderen Grundfarben auf die Welt kommen. Das „Grey-Gen" sorgt später dafür, dass die Felle mit jedem Fellwechsel heller werden – dies wird auch Ausschimmeln genannt. Die Haarwurzeln produzieren dann keine Farbpigmente mehr und weißgraue Haare wachsen nach.

Früher oder später werden diese Pferde dann komplett weiß, allerdings ist der Prozess von Tier zu Tier unterschiedlich. Da die Basis-Fellfarbe ganz verschieden sein kann, wird zwischen Rappschimmel, Braunschimmel, Fuchsschimmel und Falbenschimmel unterschieden. Aber auch andere Farbvarianten können vorkommen.

Fakt 36
Schwarz wie die Nacht: Rappen

Rappen sind sehr edle Pferde, deren Fell, Mähne und Schweif schwarz sind. Auch die Augen und Hufe dieser Tiere sind dunkel. Rappe bedeutet im bildlichen Sinne: „Ein Pferd so schwarz wie ein Rabe." Nur der Glanzrappe ist da eine Ausnahme. Dieser kommt aufgrund seiner Gene schon tiefschwarz zur Welt.

Rappen können Abzeichen haben, die immer weiß bleiben.

Lass deiner Fantasie freien Lauf und bemale dein Pferde Mandala nach deinen Wünschen.

Fakt 37

Die Gangarten der Pferde

Die klassischen Gangarten sind Schritt, Trab und Galopp. Fast jedes Pferd beherrscht sie. Schritt ist die langsamste Pferde-Gangart. Dabei sind immer drei Beine gleichzeitig am Boden und eins in der Luft. Die Beine wechseln immer nacheinander. Dadurch hat das Pferd einen sicheren Halt. Beim Trab setzt das Pferd nur noch zwei Beine gleichzeitig auf den Boden. Es ist immer eins hinten und eins vorne auf dem Boden, aber nie beide auf der gleichen Seite. Beim Wechsel gibt es immer einen kleinen Moment, in dem alle Beine in der Luft schweben. Das Pferd ist so schon etwas schneller. Der Galopp ist die schnellste der drei Gangarten und dem Trab sehr ähnlich.

Fakt 38
Wie intelligent sind Pferde?

Pferde denken und wachsen in einer ausgewogenen Struktur. Eine fantastische Beobachtung über Pferdeintelligenz ist ihr Lernen durch soziale Struktur. Sie sind sehr gesellige und sensible Wesen. In freier Wildbahn bilden sie oft große Gruppen, um sich zu verteidigen und sich in der Gemeinschaft umeinander zu kümmern. Pferde leben in einer ausgeglichenen Familienstruktur. In jeder Herde gibt es einen Anführer, der für das Wohlergehen aller verantwortlich ist. Fohlen lernen und sammeln Erfahrungen, indem sie das Verhalten ihrer Mutter und anderer erwachsener Tiere um sie herum beobachten und dieses nachahmen. Dieses Lernen ist grundlegend, damit das Fohlen weiß, wie es sich in der Sozialstruktur seiner Herde zu verhalten hat.

Fakt 39
So lernen Pferde

Pferde lernen schnell und haben ein gutes Gedächtnis. Genau wie Hunde reagieren Pferde auf positive Verstärkungsarbeit. Gewünschte Verhaltensweisen durch Belohnungen zu verstärken, ist ein schneller Weg, das Pferd dazu zu bringen, sich diese einzuprägen und sie perfekt auszuführen. Stresssituationen und negative Methoden, wie zum Beispiel Bestrafungen, bewirken das Gegenteil. Ängstliche oder unsichere Pferde, die kein positives Umfeld haben, werden ihre Fähigkeiten nicht gut entwickeln können. Pferde können sich außerdem sehr gut erinnern. Das hilft bei der Ausbildung und ermöglicht ihnen, sehr tiefe Bindungen aufzubauen.

Fakt 40
Die unterschiedlichen Pferdepersönlichkeiten

Jedes Pferd hat seine eigene und einzigartige Persönlichkeit. Es gibt zwar grundlegende Charaktereigenschaften von Pferderassen, aber es ist nicht möglich, das Verhalten eines Pferdes vorherzusagen. Die Art und Weise, sich auszudrücken und mit Menschen, der Umwelt und anderen Pferden umzugehen, ist ganz individuell. So hängt das Verhalten des Pferdes auch stark von der Umgebung, der Versorgung und der Förderung durch seinen Besitzer ab. Dadurch gibt es keine zwei gleichen Pferde, weder vom Aussehen noch vom Charakter.

Lass deiner Fantasie freien Lauf und bemale das Bild nach deinen Wünschen.

Fakt 41
Der perfekte Stall

Wie sieht der perfekte Stall für ein Pferd aus? Ruhig, hell, gut belüftet, sauber und groß. Viel Lärm und Aufruhr verursachen bei den meisten Pferden Stress. Aus diesem Grund sollte die Atmosphäre eher ruhig sein. Auch die Belichtung ist ein wichtiger Faktor. In der freien Wildbahn leben Pferde draußen, deshalb sollte der Stall hell und gut belüftet sein.

Je nach Größe und Bedürfnissen des Pferdes, muss die perfekte Box groß genug sein. Das Pferd sollte sich auf jeden Fall drehen können und die Decke muss mindestens 75 Zentimeter höher als der Kopf sein.

Pferde sind Herdentiere, daher ist auch der Kontakt zu anderen Pferden unbedingt nötig.

Weidegänge mit anderen Pferden oder offene Trennwände sind wichtig.

Boxen, die mit Stroh eingestreut sind, müssen mindestens einmal wöchentlich komplett geleert und gründlich gereinigt werden. Heu und Stroh werden dabei außerhalb der Stallungen gelagert. Außerdem ist wichtig, dass der Misthaufen weit von den Boxen entfernt steht.

Der Urin der Pferde enthält Ammoniak, das den Atemwegen der Pferde schaden kann. Befindet sich der Pferdemist direkt neben den Stallungen, ist das schlecht für die Gesundheit des Tieres.

Fakt 42
Das fressen Pferde

Pferde verbringen bis zu 17 Stunden am Tag mit Grasen! Pferde sind Pflanzenfresser und ernähren sich am liebsten von Heu und Gras. In Heu stecken viele wichtige Ballaststoffe. Daher ist es besonders wichtig für die Verdauung der Pferde. Der Pferdemagen sollte immer mindestens zur Hälfte mit Futter gefüllt sein, weshalb sich die Fütterung von mehreren kleinen Mahlzeiten pro Tag empfiehlt.

Da jede Pferderasse und jedes Pferd andere Bedürfnisse hat, muss man ihnen neben dem Heu weiteres Futter hinzugeben. Eine ausgewogene Ernährung ist für die Gesundheit des Pferdes sehr wichtig. Auch um Verdauungsprobleme und anderen gesundheitlichen Beschwerden vorzubeugen. Zum Pferdefutter gehören Kraftfutter, Saftfutter und Mineralfutter.

Fakt 43
Vitamine und Mineralien für Pferde

Damit das Pferd alle Vitamine und Mineralien bekommt, muss manchmal ein Zusatzfutter gefüttert werden. Dieses Vitaminfutter und Mineralfutter enthält alle notwendigen Vitamine und Nährstoffe wie Selen, Phosphat und Kalzium, die nicht durch Gras, Heu und Kraftfutter abgedeckt werden. Es gibt fertige Mischungen, die man als Ergänzung zum Futter geben kann. Außerdem sollten Pferde, egal, ob sie auf der Weide oder im Stall stehen, immer einen Salz-Leckstein zur Verfügung haben.

Fakt 44

Raufutter für Energie und Verdauung

Raufutter ist eines der wichtigsten Nahrungsmittel in der Ernährung von Pferden. Die meisten Pferde können ihren täglichen Energiebedarf nur mit Raufutter decken. Zudem brauchen alle Pferde ausreichend hochwertiges Raufutter, um Verdauungsproblemen wie Koliken vorzubeugen.

Heutzutage werden Heu, Silage und Stroh oft als Pferdefutter verwendet.

Wie gut das Raufutter ist, hängt davon ab, wie es hergestellt und gelagert wurde und welche Pflanzensorten es enthält. Das Raufutter sollte vor allem außerhalb der Weidesaison den Großteil des Futters ausmachen.

Verbinde die Punkte in der richtigen Reihenfolge und sei gespannt, wie das Bild aussehen wird.

Fakt 45

Die Bedeutung von Kraftfutter

Pferde, die viel arbeiten (dazu zählt auch das Reiten), benötigen ein Futter, das ihnen die nötige Energie gibt. Deshalb bekommen diese Pferde zum Saftfutter und Raufutter auch Kraftfutter. Das Kraftfutter kann Hafer oder auch eine fertige Pferdefuttermischung sein. Viele Fertigfuttermischungen für Pferde beinhalten alles, was das Pferd zum Gesundbleiben braucht. Dieses Futter enthält alle notwendigen Vitamine und Mineralstoffe. Auf dem Aufkleber am Futtersack kann man die Inhaltsstoffe des Futters ablesen.

Fakt 46

So viel Wasser benötigen Pferde

Nicht nur das Futter ist für Pferde wichtig, sondern auch die Wasseraufnahme. Pferde trinken jede Menge. Täglich können sie rund 5 Liter pro 100 Kilogramm Körpergewicht an Wasser verbrauchen. So würde ein Pferd, das 500 Kilogramm wiegt, 25 Liter am Tag trinken. Wie viel es letztendlich trinkt, ist natürlich von den Umständen (wie Luftfeuchtigkeit, Beschäftigung des Pferdes und Alter) abhängig.

Fakt 47
Gesunde Belohnung: Pferdeleckerlis selbst machen

Pferdeleckerlis sind bei Pferden beliebt, aber dürfen nur in Maßen verfüttert werden. Fertige Leckerlis mit viel Zucker und künstlichen Aromen sollte man dem Pferd nicht geben. Besser geeignet sind Karotten, getrocknetes Brot oder Äpfel. Man kann die Leckerlis aber auch selbst machen. Für zwei Bleche benötigt man drei reife Bananen, vier Äpfel, fünf bis sechs mittelgroße Karotten, 280 Haferflocken und 200 Milliliter Wasser. Zuerst wird die Banane geschält, in eine Schüssel gegeben und zerdrückt. Dann werden die Karotten und die Äpfel in kleine Stücke geschnitten und in einen Mixer gegeben, damit eine grob pürierte Masse entsteht. Nun kommen die Haferflocken, das Dinkelvollkornmehl und das Wasser in eine große Schüssel und werden miteinander vermischt.

Anschließend gibt man das Obst hinzu und knetet alles durch. Aus der Masse können nun runde Leckerli geformt und auf ein mit Backpapier ausgelegtes Backblech gelegt werden.

Die Leckerli bleiben ungefähr 60 Minuten bei 160 Grad (Umluft) im Ofen. Nach dem Backen sollten sie gut abkühlen und durchtrocknen.

Fakt 48
Die Ausrüstung des Pferdes

Zur Grundausrüstung des Pferdes gehören Zaumzeug, Sattel, Putzzeug und ein Halfter mit Führstrick. Was den Sattel betrifft, ist es wichtig, dass er dem Pferd gut passt. Um den Sattel vor Schweiß und Schmutz zu schützen, verwendet man eine Satteluntertage, eine Schabracke oder eine Satteldecke. Natürlich dürfen auch die Steigbügel und Steigbügelriemen und ein Sattelgurt nicht fehlen.

Bei der Zäumung kann man sich zwischen einer Zäumung mit Gebiss und einer gebisslosen Zäumung entscheiden. Die meisten Pferde nehmen eine normale Wassertrense sehr gut an. Diese kann auch mit anderen Halftern kombiniert werden. Eine gebisslose Zäumung ist für das Pferd schonender, aber Vorsicht: Die Zäumungen sind trotzdem sehr scharf!

Um die Beine des Pferdes zu schützen, gibt es Gamaschen, Streichkappen und Bandagen. Gamaschen kann man leicht und schnell anbringen. Für den Schutz der Ballen des Pferdes verwendet man Hufglocken aus Gummi oder Leder. Diese bringt man an den Vorderhufen an.

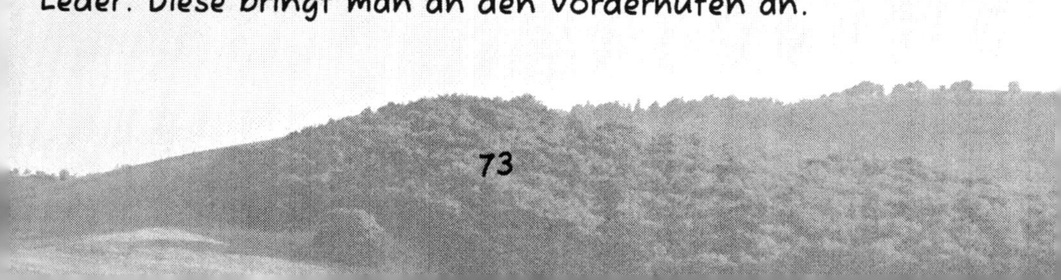

Verfolge die Pfeile und sei gespannt, welches Bild entsteht. Du startest an dem schwarzen Punkt.

1→ 2↓ 1→ 1↑ 1→ 1↑ 1→ 2↓ 1← 2↓ 1→ 5↓ 1→ 3↓ 1← 1↓
2← 1↑ 1← 1↑ 1← 1↑ 1← 4↓ 1← 2↓ 1← 2↓ 1← 2↓ 1← 2↓
1← 6↓ 1← 7↑ 1← 3↑ 1← 1↑ 1← 1↓ 1← 1↓ 6← 1↑ 1← 1↑
2← 1↓ 1← 2↓ 1← 1↓ 1← 1↓ 1← 6↓ 1← 8↑ 1→ 5↑ 1← 1↑
1← 4↓ 1← 6↑ 1→ 1↑ 1→ 1↑ 1→ 1↑ 2→ 1↑ 14→ 1↑ 2→ 1↑
2→ 1↑ 2→ 1↑ 1→ 1↑ 1→ 3↑

Fakt 49
Welche Pferdedecken gibt es?

Je nach Pferd, können Decken einen großen Nutzen haben. Im Sommer und Frühjahr halten Fliegendecken nervige Insekten ab. Verwendet man dann noch ein Fliegenspray oder eine Fliegenmaske, kann das Pferd in Ruhe die Natur und das Training genießen. In den kalten Jahreszeiten oder an feuchteren Tagen sind Regen-, Outdoor- oder Stalldecken gut geeignet. Stalldecken halten zwar warm, sind aber nicht wasserdicht. Je mehr Füllung die Decke hat, desto wärmer ist sie.

Vor allem Pferde, die im Winter nicht geschoren sind und ein dickes Winterfell bekommen, brauchen eine Abschwitzdecke nach dem Training.

Diese sorgt dafür, dass der Schweiß des Pferdes leichter nach außen kommt. Das schützt das Pferd vor Erkältungen.

Fakt 50
Die Ausrüstung des Reiters

Die wichtigste Ausrüstung im Reitsport ist der Reithelm. Es ist wichtig, dass der Helm eine Drei- oder Vierpunktbefestigung hat und keinen großen Druck auf den Kopf oder das Kinn ausübt. Trotzdem muss er fest sitzen: Wenn man den Kopf nach vorne neigen kann, ohne dass er vom Kopf fällt, sitzt er sicher. Der Riemen sollte gerade nur so lang sein, dass etwa zwei Finger zwischen Riemen und dem Kinn passen. Auch eine Reiterhose ist wichtig. Sie scheuert nicht mit Nähten und sorgt für einen guten Halt im Sattel. Reiterhosen sollten eng liegen und keine Falten werfen.

Reiter tragen außerdem robuste Schuhe oder Reiterstiefel. Es kann sehr wehtun, wenn ein Pferd einem auf die Füße tritt. Deshalb sollte man niemals Sandalen, Flip-Flops oder andere dünne Schuhe in Pferdenähe tragen. Am besten sind Reitstiefel mit einem langen Schaft geeignet.

Reithandschuhe schützen die Hände, damit sie sich nicht durch die Zügel verletzen. Auch beim Longieren und Führen von Pferden sollten sie getragen werden.

Leather & Saddle Soap

Fakt 51
Putz- und Pflegezeug

Putz- und Pflegezeug gehören zur Grundausrüstung für Pferdehalter. Dieses besteht aus einem Striegel, einer Wurzelbürste, einer Kardätsche, einem Mähnenkamm, einem Hufauskratzer und einer weichen Bürste. Auch ein Pinsel für die Hufpflege und ein Schwamm können sinnvoll sein. All das legt man am besten in einen Putzkasten oder in eine Putztasche.

Ein Erste-Hilfe-Kasten sollte auch immer griffbereit sind. In diesen kommen Desinfektionsspray, eine Schere, Verbandsmaterial, Wundsalbe und Pflegeartikel wie Hautsalben, Huffett oder Melkfett.

Fakt 52
Vor dem Ritt: Pferd richtig putzen

Vor und nach dem Ritt muss das Pferd gründlich geputzt werden. Mit dem Gummistriegel fährt der Reiter in kreisenden Bewegungen gegen den Fellstrich über den Hals, den Rücken, Rumpf, Bauch und die Kruppe bis zu den Oberschenkeln. Immer wieder klopft man den dreckigen Striegel am Boden aus.

Nachdem das Fell aufgeraut ist, muss nun der Staub herausgeholt und das Fell wieder glatt gebürstet werden. Hierzu nutzt man die Kardätsche und einen Eisenstriegel.

Dann sind die Pferdebeine an der Reihe. Dazu nimmt man eine Wurzelbürste und stellt sich seitlich neben das Pferd. Die eine Hand ist auf dem Widerrist des Pferdes, in der anderen Hand ist die Wurzelbürste. Jetzt kann man sich nach vorne beugen und die Beine putzen.

Zum Putzen des Kopfes kann man eine weiche Bürste oder eine harte Wurzelbürste nutzen. Jedes Pferd hat hier andere Vorlieben.

Zuletzt sind die Hufe dran. Hierfür stellt sich der Reiter zuerst auf die linke Seite des Pferdes neben das Vorderbein. Jetzt fährt er vorsichtig aber bestimmt mit der linken Hand entlang des Beines nach unten zum Huf. Sobald das Pferd den Huf anhebt, hält man diesen ruhig fest und kratzt ihn mit dem Hufauskratzer von oben nach unten aus.

Fakt 53
Vor dem Ritt: Pferd richtig aufsatteln

Bevor das Reiten losgeht, muss der Reiter das Pferd richtig aufsatteln. Um den Sattel zu tragen, nimmt man ihn auf dem linken Arm, der Hinterzwiesel liegt vor dem Ellbogen. Wenn man gleichzeitig auch noch das Zaumzeug mit zu dem Pferd nimmt, hängt man es sich über die linke Schulter.

Zum Anbinden legt man dem Pferd ein Stallhalfter an. In den Ring unten am Kinn wird ein Führstrick eingehakt.

Ist das Pferd sicher angebunden, geht der Reiter auf die linke Seite des Pferdes und legt den Sattel vorsichtig kurz vor dem Widerrist auf den Hals und schiebt ihn mit dem Fellstrich nach hinten. Zwischen Schulter und dem Sattelblatt muss mindestens eine Handbreite Platz sein. Wenn der Sattel zu weit hinten liegt, muss man ihn nochmals neu aufgelegen.

Nun zieht man die Satteldecke gut in die Sattelkammer hoch, sodass sie nicht auf den Rücken drückt. Dann geht man um das Pferd herum und lässt den Sattelgurt herunter. Ist man wieder auf der linken Seite, greift man nach dem Gurt unter dem Bauch, steckt ihn durch die Schlaufe der Satteldecke und zieht die vordere Schnalle und dann die hintere an. Man benutzt hierfür die erste und die letzte Gurtstrippe.

Fakt 54

Das Trensen oder Aufzäumen

Wenn der Sattel korrekt sitzt, kann der Reiter mit dem Aufzäumen beginnen. Beim Trensen legt man dem Pferd erst die Zügel über den Kopf, um die Kontrolle zu behalten. Nachdem man das Halfter abgenommen hat, kann man die Trense anziehen. Dafür wird das Gebiss sachte ins Pferdemaul geschoben.

Nun kann der Reiter die Zäumung über die Ohren des Pferdes ziehen. Wenn alles korrekt sitzt, verschließt man nun als erstes den Kehlriemen. Zwischen den Riemen und die Pferdekehle muss immer eine Hand in der Größe einer Faust passen. Wenn man den Nasenriemen verschließt, sollte man darauf achten, dass auch zwischen Leder und Pferdekopf zwei Finger passen. Als Test kann man den Zeige- und Mittelfinger verwenden.

Zeichnen kann so einfach sein. In sechs Schritten lernst Du, wie man ein Pferd zeichnet. Probiere es aus und zeige das Ergebnis deinen Eltern.

Fakt 55

Richtige Pferdepflege, damit das Pferd gesund bleibt

Pferde haben im Frühling und im Herbst Fellwechsel. Obwohl die meisten mit einem eher kurzen und pflegeleichten Fell gesegnet sind, muss man ein Pferd täglich pflegen. Pferde lieben es, sich in Schlamm und Sand zu wälzen und dabei richtig schmutzig zu werden. Sie machen dies, um sich vor Insekten zu schützen und zu kratzen, aber auch um abgestorbene Haarhaut loszuwerden. Neben dem regelmäßigen Bürsten vor und nach jedem Ritt benötigt das Fell eine besondere Pflege beim Fellwechsel. Man sollte das Pferd regelmäßig und intensiv mit dem Gummistriegel, dem Zackenstriegel und mit einer Kardätsche bürsten, um das Pferdefell sauber und gepflegt zu halten.

Fakt 56
Regelmäßige Hufpflege beim Pferd

Die Hufpflege bei Pferden ist wichtig, um die Tiere gesund zu halten. Die Hufe müssen deshalb regelmäßig ausgekratzt werden. Über den Hufen sind die Fesseln. Die behaarten Fesselbeugen sollte man ebenfalls regelmäßig sauber machen, damit keine Pilzerkrankungen entstehen.

Ein Pferd muss zudem alle vier bis sechs Wochen zum Hufschmied. Manche Pferde brauchen die Pflege des Hufschmieds öfter und manche seltener. Der Hufschmied sorgt dafür, dass die Hufe beschnitten werden. Außerdem korrigiert er die Hufbeschläge.

Fakt 57

Tierarztbesuche

Auch Pferde müssen gelegentlich von einem Tierarzt behandelt werden.

Einmal im Jahr sollte ein Pferd eine Zahnpflege und zahnärztliche Kontrolluntersuchungen durch einen Tierarzt bekommen. Auch eine regelmäßige Entwurmung alle drei bis vier Monate ist wichtig, damit das Pferd gesund bleibt. Nach dem Entwurmen muss man alle Koppeln gründlich ausmisten und die Boxen komplett reinigen. Impfungen helfen, bestimmten Krankheiten vorzubeugen. So kann das Impfen das Pferd beispielsweise vor Tetanus, Pferdegrippe, Tollwut und Herpes schützen. Nach der Grundimmunisierung wird dann nach einiger Zeit die Impfung aufgefrischt.

Fakt 58
Verschiedene Reitweisen & Disziplinen

Es gibt viele verschiedene Arten zu reiten. In einigen Gegenden und Kulturen der Welt reitet man anders als in anderen. Manche Pferde sind für bestimmte Reitweisen besser geeignet als für andere oder werden sogar extra dafür gezüchtet. Die verschiedenen Reitweisen nennt man zum Beispiel Englisch-Reiten, Gangpferdreiten, Barockreiten, Westernreiten oder klassisches Reiten. Sie unterscheiden sich zum einen darin, wie der Reiter auf dem Pferd sitzt. Dafür gibt es auch verschiedene Sattel, Zäumungen und Gebisse. Je nach Reitweise unterscheidet sich auch der Gang des Pferdes. Auch die reiterlichen Hilfen, also die Art, wie der Reiter dem Pferd Signale gibt, sind nicht immer gleich.

Finde die fehlenden Puzzleteile und füge das Bild zusammen.

Fakt 59
Das klassisch-englische Reiten

Eine der bekanntesten Reitweisen ist der klassisch-englische Stil. Diesen lernen viele Reitanfänger als erstes. Besonders dabei ist, dass der Reiter dem Pferd sanft Hilfe über die Zügel und sein Gewicht gibt. Zu dieser Reitweise gehören viele Disziplinen, die alle als „klassisch-englisch" bezeichnet werden. Das sind zum Beispiel das Dressurreiten, Vielseitigkeitsreiten oder auch das Springreiten. Die Dressur gehört dabei zu einer der schwersten Ausbildungsstufen. Alle Pferde können die Grundlagen des klassisch-englischen Reitens erlernen. Allerdings haben Warmblüter einen Vorteil beim Lernen. Durch ihren eleganten und starken Körperbau fällt ihnen diese Reitweise leichter als anderen Pferden.

Fakt 60
Westernreiten

Das Westernreiten kommt von den Cowboys aus Spanien, Mexiko und Amerika. Es ist eine schnelle und ausgelassene Reitweise mit vielen starken Bewegungen. Die Cowboys nutzten die Pferde zum Arbeiten auf ihren Farmen. Darum mussten sie mit einer Hand reiten können, um mit der anderen ihr Lasso zu halten. Der Reiter macht nur wenige Bewegungen, auf die das Pferd reagiert. Wenn der Reiter zum Beispiel leicht das Gewicht verlagert, ändert das Pferd die Richtung. Es bleibt auch in einer Gangart oder Lektion, bis es ein neues Signal bekommt. Diese kleinen Bewegungen des Reiters und lockere Zügel sind beim Westernreiten wichtig. Für schnelle und aktive Pferde ist das genau das Richtige. Als Reiter muss man dabei viel Geduld haben und seinen Körper gut kontrollieren können.

Fakt 61
Gangpferdereiten

Gangpferdereiten ist eine schwierige Disziplin, die nicht jedes Pferd beherrscht. Fast alle Pferde können Schritt, Trab und Galopp laufen. Aber nur Gangpferde können ein oder zwei besondere Gangarten, darum kann man auch nur mit ihnen Gangpferdereiten. Einige dieser Gangarten sind zum Beispiel Foxtrott, Pass und Tölt. Nur sehr gute und erfahrene Reiter können Gangpferde richtig reiten. Das Pferd und sein Reiter müssen sich dabei besonders konzentrieren. Auch Gangpferde müssen viel üben, bis sie eine Gangart perfekt beherrschen. Ein bekanntes Gangpferd ist das Islandpferd. Wenn der Gang des Pferdes erst einmal perfekt ist, hat der Reiter es sehr bequem. Denn dann bewegt sich das Pferd, ohne stark zu schaukeln.

Fakt 62
Disziplinen im Pferdesport

Im Pferdesport gibt es ganze zwölf verschiedene Disziplinen. Sie sind alle unterschiedlich entstanden. In manchen Ländern sind einige Disziplinen beliebter als in anderen. Doch drei Disziplinen sind auf der ganzen Welt am bekanntesten und beliebtesten: Dressurreiten, Springreiten und das Vielseitigkeitsreiten. Diese drei Disziplinen gehören auch zu den Olympischen Sommerspielen. Beim Dressurreiten muss das Pferd bestimmte Schritte perfekt vorführen. Vom Springreiten redet man, wenn das Pferd über unterschiedliche Hürden springen muss. Das Vielseitigkeitsreiten ist etwas für Alleskönner, denn Reiter und Pferd müssen nicht nur Dressur und Springen können. Sie müssen auch einen Geländeritt absolvieren. Das Pferd muss also wortwörtlich über Stock und Stein und sogar manchmal durch Wassergruben.

1 = Orange
2 = Gelb
3 = Schwarz
4 = Grün
5 = Hellgrün
6 = Hellblau

Fakt 63

Erste Schritte als Reitanfänger

Als Anfänger muss man nicht gleich allein reiten. Erstmal wird man von einer erfahrenen Person geführt. Dabei trägt das Pferd einen Gurt mit Griffen, damit sich der Reiter festhalten kann. So bekommt man erstmal ein Gefühl für die Bewegungen des Pferdes. Später kann man dann an der Longe reiten. Die Longe ist eine lange Leine, an der das Pferd um den Reitlehrer herumgeht. Auf diese Art kann der Reitlehrer noch das Tempo und die Gangart des Pferdes bestimmen. Der Reiter kann sich so auf seinen Sitz konzentrieren. Nach einigen Longenstunden ist man bereit für den Reitunterricht in einer Gruppe. Dabei lernt man nicht nur das Reiten, sondern auch den richtigen Umgang mit Pferden. Der Reiter lernt sein Pferd zu pflegen, zu versorgen und zu putzen.

Fakt 64

Vorbereitungen für den ersten Ausritt

Pferde sind Fluchttiere. Was sie nicht kennen, erschrickt sie schnell. Also muss man sein Pferd vor dem ersten Ausritt auf erschreckende Situationen vorbereiten. Das kann man gut mit Bodenarbeit machen. Dabei zeigt man seinem Pferd alles, was es noch nicht gesehen hat. Zur Sicherheit sollte man Handschuhe und feste Schuhe tragen. Am besten nimmt man einen Reiter mit einem erfahrenen Pferd mit. So lernt das eigene Pferd gleich vom anderen, dass es sich nicht fürchten muss. Ein warmer sonniger Tag ist perfekt für den ersten Ausritt. Bei Regen und Wind sind Pferde nämlich gerne mal unruhiger. Vor dem Ausritt sollte man das Pferd erstmal longieren oder einreiten, damit es warm wird. Wenn sich das Pferd vorher auf der Koppel austoben konnte, ist es beim Ausritt entspannter.

Fakt 65
Die Verbindung zwischen Mensch und Pferd

Schon vor tausenden Jahren sind Menschen auf Pferden geritten. Früher war das Pferd ein Mittel zur Fortbewegung, wie heute Autos oder Fahrräder. Doch das Reiten beruhigt Menschen. Auf dem Rücken der Pferde kann man die Welt ganz neu entdecken. Auf Trails, also Reitwegen, kann man gemeinsam mit seinem Pferd Landschaften erkunden. Auch Menschen, die lieber Sport mit ihrem Pferd treiben wollen, können das tun. Es gibt verschiedene Pferdesportarten wie Polo, Springen oder Dressur.

Fakt 66

Die Grundlagen des Reitens

Es ist gar nicht so schwer, mit dem Reiten anzufangen. Der Reiter lenkt das Pferd durch Hilfen. So nennt man die verschiedenen Bewegungen, die der Reiter macht. Das Pferd reagiert zum Beispiel auf Bewegungen der Zügel, die Stimme oder Druck mit den Waden und Fersen. Es ist wichtig zu wissen, was die verschiedenen Reithilfen bedeuten. Nur so kann der Reiter die Bewegungen des Pferdes kontrollieren. Man braucht ein paar Jahre, damit man ein guter und sicherer Reiter wird. Je öfter man mit seinem Pferd übt, desto besser. Man sollte mindestens einmal in der Woche zum Reitunterricht gehen. Reiten lernt man nur durch Reiten.

Findest du den richtigen Weg aus dem Labyrinth?
Zeichne den richtigen Weg ein!

Fakt 67

Der korrekte Sitz

Wie sitzt man eigentlich richtig im Sattel? Man nimmt den Oberkörper zurück, bis die Po-Knochen senkrecht zum Sattel stehen. Danach hebt man den Kopf entspannt nach oben. Es ist wichtig, dabei nicht die Nase in die Luft zu heben. Aber man sollte auch nicht zum Boden herunterschauen, als würde man sich schämen. Stattdessen richtet man den Blick einfach geradeaus, um alles um sich herum und sein Pferd im Blick zu haben.

Fakt 68
Reiterhilfen zur Kommunikation mit dem Pferd

Reithilfen helfen dem Reiter dabei, mit seinem Pferd zu „sprechen". Solche Hilfen sind Zügelbewegungen, Schenkeldruck, das Verlagern des Gewichts oder Geräusche, die der Reiter von sich gibt. Wenn der Reiter eine Hilfe nutzt, beginnt er ein Gespräch mit seinem Pferd. Das sollte dann antworten, indem es sich je nach Hilfe bewegt. Aber auch der Reiter muss zuhören können und auf die Antwort seines Pferdes warten. Pferde mögen es friedlich und genießen Harmonie. Wenn ein Pferd falsch antwortet, liegt es also nur daran, dass der Reiter die falsche Frage gestellt hat. Das Pferd spürt jede kleine Bewegung und reagiert darauf. Darum muss der Reiter jederzeit sicher sein, was er mit seinem Körper sagt.

Fakt 69
Das Zusammenspiel der Hilfen

Die verschiedenen Hilfen sagen auch verschiedene Dinge. Die Zügelhilfe wird eher wenig und behutsam genutzt. Schenkel- und Gewichtshilfen kommen schon öfter zum Einsatz. Sie werden vor allem zum Vorwärts-Treiben genommen. Damit werden also das Tempo und die Gangart vom Pferd bestimmt. Auch die Haltung wird dadurch beeinflusst. Bei Schenkelhilfen werden die Schenkel gegen die Seiten des Pferdes gedrückt. Aber nur die Innenseiten der Schenkel drücken. Denn von außen soll es so aussehen, als würde der Reiter die Schenkel nicht bewegen. Das Pferd allerdings spürt die Hilfe und kann darauf antworten.

Fakt 70
Richtig reagieren in Gefahrensituationen

Ein häufiger Unfall mit dem Pferd ist, wenn der Reiter hinunterfällt. Wenn Pferde sich erschrecken, können sie unerwartete Bewegungen machen. So verliert der Reiter den Halt und fällt. Dann heißt es erst einmal: Ruhe bewahren. Aufregung schadet nur. Egal, ob man selbst gestürzt ist oder jemand anderes. Erstmal ruhig bleiben ist wichtig für Mensch und Pferd. Es sollte aber kontrolliert werden, ob es dem Reiter gut geht. Ist er verletzt oder bewusstlos? Wenn der Reiter offene Wunden hat, sollten sie sofort versorgt werden. Außerdem muss man einen Arzt anrufen, wenn der Reiter ernsthaft verletzt ist.

Lass deiner Fantasie freien Lauf und bemale dein Pferde Mandala nach deinen Wünschen.

Fakt 71

Schritt, Trab, Galopp: Die Grundgangarten

Die langsamste Grundgangart ist der Schritt. Der Schritt ist eine schreitende Viertaktgangart ohne Schwebephase. Das bedeutet, dass das Pferd immer zwei, höchstens jedoch drei Beine zur gleichen Zeit auf dem Boden hat. Trab ist eine schnelle Zweitaktgangart, bei der das Pferd zwischen den Bodenberührungen kurz schwebt. Hier wird immer das diagonale Beinpaar gemeinsam vorgeschwungen. Die schnellste der Gangarten ist der Galopp. Er erfolgt in drei Takten und ist eine gesprungene Gangart. Im Galopp setzt das Pferd erst mit dem äußeren Hinterfuß auf, dann mit dem inneren Hinterfuß, dem äußerem Vorderfuß und danach mit dem inneren Vorderfuß. In der Schwebephase heben alle Beine kurze Zeit vom Boden ab.

Fakt 72

Der Aufbau einer Reiteinheit

Eine Reitstunde besteht aus drei Teilen. Wie die Teile genau aussehen, ist je nach Pferd und Reiter anders. Außerdem muss das Training immer daran angepasst werden, wie es dem Pferd oder dem Reiter geht. Der erste Teil ist der Lösungsteil. Dabei wird das Pferd aufgewärmt. Am besten macht man das mit leichten Übungen oder der liebsten Gangart. Danach kommt der Arbeitsteil. Das Pferd soll neues lernen und altes üben. Erstmal kann man leicht anfangen und dann immer schwerere Übungen machen. Als letztes kommt die Erholung. In dieser Zeit sollte man das Pferd loben und ihm ein gutes Gefühl geben. Man kann ganz entspannt reiten, um wieder zur Ruhe zu kommen.

Fakt 73
Bahnfiguren

Bahnfiguren sind festgelegte Wege, die das Pferd gehen muss. Es sind ganz bestimmte Linien und Formen, denen Pferd und Reiter gemeinsam folgen. Entlang der Bande, also der Begrenzung der Reithalle oder des Reitplatzes, sind Buchstaben angebracht, damit sich die Reiter besser orientieren können. Es gibt viele verschiedene Figuren. Die einfachste ist die „ganze Bahn". Dabei reitet man einfach eine Runde entlang der Bande. Doch es gibt auch viele komplizierte Formen, wie den Zirkel. Das ist ein perfekter, runder Kreis. Diese Figur kann sogar noch erschwert werden, wenn das Pferd im Kreis noch die Richtung ändern muss. Eine weitere Form sind die Schlangenlinien. Je nach Art der Schlangenlinien läuft das Pferd einen oder mehrere Bögen.

Fakt 74

Bodenarbeit: Was ist das eigentlich?

Bodenarbeit nennt man alle Aktivitäten, bei denen man am Boden steht und von dort aus das Pferd trainiert. Das Pferd wird bei der Bodenarbeit also nicht geritten. Zur Bodenarbeit gehören viele verschiedene Formen des Trainings. Einige davon sind die klassische Handarbeit, die Longenarbeit oder Gelassenheitstraining.

Verbinde die Punkte in der richtigen Reihenfolge und sei gespannt, wie das Bild aussehen wird.

Fakt 75

Arbeit mit Jungpferden oder „Problempferden"

Problempferde sind Pferde, mit denen die Kommunikation nicht richtig funktioniert. Diese Probleme kann man schrittweise beheben, indem man die Beziehung zwischen Mensch und Pferd aufbaut und stärkt. Viele Problempferde sind unruhig und müssen den Weg zurück zur Gelassenheit finden. Das braucht Zeit und Geduld. Doch wenn man am Ball bleibt, klappt es irgendwann auch.

Jungpferde sind neugierig und stürmisch und sollten erstmal ihre Kindheit genießen. Sie sollten nicht zu früh antrainiert werden. Ihre Muskeln, Knochen, Sehnen und Bänder sind auch noch gar nicht ausgereift genug, um schon einen Menschen zu tragen. Zum Wohl des Körpers und der Seele von jungen Pferden sollte man sie lieber später als früher antrainieren.

Fakt 76

Die Handarbeit: Dressur vom Boden aus

Mithilfe der Handarbeit werden Pferde in der klassischen Reitkunst ab einem Alter von 5 Jahren trainiert. Durch die Handarbeit kann man dem Pferd die Grundlagen des Reitens beibringen. Es lernt die verschiedenen Reithilfen kennen und wird darauf vorbereitet, eines Tages geritten zu werden. Allerdings muss das Pferd schon an eine Zäumung gewöhnt sein. In der Handarbeit sind harmonische und fließende Bewegungen gefordert. Der Mensch beeinflusst die Stellung des Pferdes. Man läuft und führt das Pferd. Das geschieht von beiden Seiten und von innen und außen. Man könnte die Handarbeit auch als eine Art Dressur zu Fuß sehen.

Fakt 77
Longieren lernen

Auch longiert zu werden, muss ein Pferd erst lernen. Erstmal muss es sich daran gewöhnen, im Kreis zu laufen. Sobald das geht, kann die Longe angelegt werden. Beim Longieren trägt man immer Handschuhe, um die Hände zu schützen. Außerdem wickelt man sich die Longe nie um die Hand, sonst kann man sich verletzen, wenn das Pferd zu stark zieht. Während dem Longieren bildet man mit der Longe und der Longiergerte ein Dreieck. Wichtig ist auch, wo man steht. Wenn man zu weit vor der Mitte des Pferdes steht, bremst man es. Aber steht man mehr hinter der Mitte, dann treibt man es an.

Fakt 78
Freie Bewegung

Die freie Bewegung ist sehr wichtig für ein Pferd und gehört zu einer artgerechten Haltung dazu. Ein Pferd braucht Ausläufe und Weiden, auf denen es sich austoben kann. Doch wie viel Platz braucht so ein Pferd? Ein Auslauf für bis zu zwei Pferde sollte laut Leitlinien mindestens 150 Quadratmeter groß sein. Jedes weitere Pferd braucht nochmal 40 Quadratmeter mehr. Man braucht also viel Platz für Pferde. Zur freien Bewegung gehören auch Ausritte.

Pferderassen Suchrätsel

Findest du sechs verstecken Pferderassen

K	W	H	T	R	A	K	E	H	N	E	R	D	F	E
J	O	E	I	M	S	P	K	Q	B	Y	A	D	T	G
C	L	M	S	R	R	R	S	K	B	A	N	M	J	H
Y	D	O	S	H	E	T	L	A	N	D	P	O	N	Y
P	E	H	A	N	N	O	V	E	R	A	N	E	R	G
S	N	T	F	Z	H	K	K	I	O	O	X	D	H	L
Y	B	I	Z	Y	D	O	V	Z	L	J	W	B	O	D
S	U	B	K	B	E	V	W	T	N	C	Q	N	L	H
L	R	U	O	P	K	L	K	X	J	M	J	X	S	V
T	G	R	F	G	M	I	F	J	K	J	U	J	T	L
H	E	Q	O	A	H	J	A	S	T	F	B	F	E	A
G	R	P	Z	D	P	G	B	L	K	Q	L	S	I	J
H	X	Q	G	Y	O	V	H	F	K	V	K	P	N	X
K	K	I	D	D	K	H	A	F	L	I	N	G	E	R
A	P	E	R	R	C	B	K	X	R	G	Q	B	R	Z

Diese Wörter sind versteckt

Shetlandpony

Holsteiner

Hannoveraner

Oldenburger

Trakehner

Haflinger

Fakt 79

Reitabzeichen und Turnier

Man kann für viele kleine Schritte schon Reitabzeichen machen. So kann sich der Reiter über jeden kleinen Erfolg freuen. Anhand seiner Abzeichen sieht ein Reiter seinen Fortschritt. Aber die Abzeichen werden immer schwerer, je mehr man ablegt. Im Pferdesport kann man mehr als 50 Abzeichen erhalten. Für jedes muss man eine Prüfung ablegen. Jeder Reiter kann Abzeichen machen, egal, wie alt er ist. Außerdem gibt es noch Turniere. Dabei treten Reiter mit ihren Pferden in bestimmten Aufgaben gegeneinander an. Es gibt viele verschiedene Turnierarten. Einige davon sind Springen, Dressur, Western und Reitspiele. Doch es gibt noch viele mehr.

Fakt 80

Auf zum Turnier: Prüfungsklassen kurz erklärt

Die verschiedenen Prüfungsklassen zeigen, wie schwer eine zu reitende Prüfung ist. In Deutschland gibt es fünf verschiedene Klassen mit zunehmender Schwere. Die einfachste ist Klasse E für Einsteiger, dann kommt A für Anfänger. Die der letzten Klassen sind Klasse L, wie leicht, Klasse M, wie mittelschwer und Klasse S, für schwer. Klasse S ist die anspruchsvollste Prüfungsklasse. Innerhalb der Klasse S gibt es noch eine Unterteilung der Disziplinen in fünf Sterne. Ein Reiter darf aber auf einem Turnier nur in zwei benachbarten Prüfklassen starten. Doch auch unterhalb der Reitklassen kann man an vielen Wettbewerben teilnehmen. Das sind zum Beispiel Reitwettbewerbe und breitensportliche Wettbewerbe.

Reitwissen Quiz

1. Was bedeutet es, wenn Pferde ihre Ohren eng nach hinten legen?
   a) Das Pferd signalisiert Angst, Aggression, Schmerz und Stress.
   b) Das Pferd freut sich und ist aufgeregt.
   c) Das Pferd hat Probleme mit den Ohren.

2. Welches Futter enthält wichtige Vitamine und Minerale?
   a) Saftfutter
   b) Kraftfutter
   c) Raufutter

3. Was sind die drei Grundgangarten?
   a) Hott, Trott und Galopp
   b) Sprung, Trab und Schritt
   c) Schritt, Trab und Galopp

4. Wer hat das Westernreiten eingeführt?
   a) Die Indianer
   b) Die Cowboys
   c) Die Eskimos

5. Was sind Gangpferde?
   a) Pferde, die mehr als drei Gangarten beherrschen
   b) Pferde, die nicht geritten werden können
   c) Pferde, die nur langsam gehen können

6. Welche Reithilfe gibt es nicht?
   a) Zügelhilfe
   b) Tritthilfe
   c) Schenkelhilfe

7. Wie viele Zähne haben Pferde?
   a) zwischen 36 und 44
   b) zwischen 12 und 28
   c) zwischen 44 und 52

8. Warum stehen und laufen Pferde parallel?
   a) So passen sie ihren Gang aneinander an.
   b) Eines der Pferde ist krank und braucht Hilfe.
   c) So zeigen sich Pferde ihre Zuneigung und Freundschaft.

9. Welche Pferde bezeichnet man als Ponys?
   a) Pferde, die nur von Kindern geritten werden können
   b) Pferde mit einer Widerristhöhe bis 148 Zentimeter
   c) Pferde, denen die Mähne über die Augen hängt

10. Warum spielen Pferde miteinander?
   a) Pferde trainieren so ihre Ausdauer
   b) Sie spielen nicht, sondern kämpfen eigentlich
   c) Pferde trainieren ihre Kraft und Geschicklichkeit

11. Welche Decke für Pferde gibt es nicht?
   a) Spieldecke
   b) Abschwitzdecke
   c) Fliegendecke

12. Was ist ein Abzeichen beim Pferd?
   a) Angeborene Erkennungszeichen im Fell
   b) Kleine Medaillen, die Pferde für bestimmte Fähigkeiten erhalten
   c) Ein Zeichen, das vom Hufschmied in das Fell des Pferdes gebrannt wird

13. Welche Kleidung sollte man beim Reiten tragen?
   a) bequeme, lockere Sachen und Hausschuhe
   b) einen Neoprenanzug
   c) Reiterhelm, feste Reitstiefel und Reithosen

14. Welche Prüfklassen gibt es bei Turnieren?
   a) 1 bis 12, wie in der Schule
   b) E (Einsteiger), A (Anfänger), L (leicht), M (mittelschwer) und S (schwer)
   c) erster Platz, zweiter Platz und dritter Platz

15. Was sind Problempferde?

a) Pferde, die Reitern mit Schwierigkeiten beim Reiten helfen

b) Pferde, die andere Pferde nicht mögen

c) Pferde, bei denen die Kommunikation mit dem Menschen gestört ist

16. Warum ist Hufpflege so wichtig?

a) Die richtige Hufpflege ist wichtig für die Gesundheit des Pferdes.

b) Pferde wollen immer schöne Hufe haben, sonst lassen sie sich nicht reiten.

c) Die Hufpflege entspannt die Pferde vor und nach dem Reiten.

17. Wann wechseln Pferde ihr Fell?

a) Im Sommer und Winter

b) Immer, wenn sie einen Wachstumsschub haben

c) Im Frühling und Herbst

18. Welche Form des Trainings für Pferde gibt es nicht?

a) Bodenarbeit

b) Handarbeit

c) Standarbeit

19. Was sind Pferde nicht?

a) Herdentiere

b) Suchtiere

c) Fluchttiere

20. Was ist ein Rappe?

a) Ein männliches Pferd

b) Eine besondere Pferdedecke

c) Ein Pferd, dessen Fell, Mähne und Schweif schwarz sind

Lösungen Spiele

Fakt 4:

Fakt 8:

Fakt 20: 6 links 6 rechts

Fakt 28:

Fakt 32:

A (4) F (8)

B (7) G (10)

C (5) H (2)

D (1) I (6)

E (9) J (3)

Fakt 44:

Fakt 48:

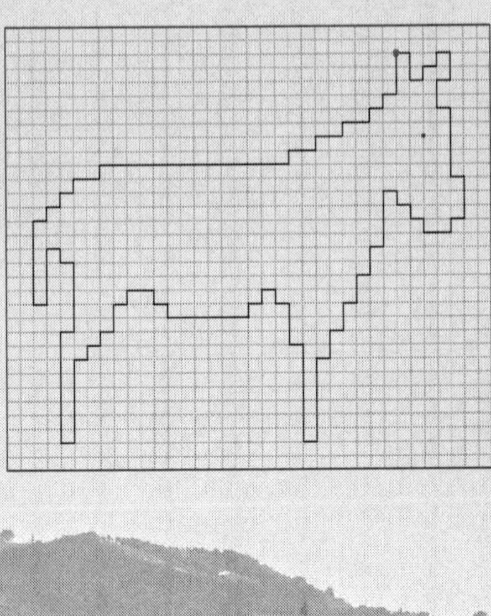

Fakt 58:

A (10) F (8)

B (5) G (6)

C (1) H (3)

D (4) I (2)

E (9) J (7)

Fakt 66:

Fakt 74:

Fakt 78:

K	W	H	T	R	A	K	E	H	N	E	R	D	F	E
J	O	E	I	M	S	P	K	Q	B	Y	A	D	T	G
C	L	M	S	R	R	R	S	K	B	A	N	M	J	H
Y	D	O	S	H	E	T	L	A	N	D	P	O	N	Y
P	E	H	A	N	N	O	V	E	R	A	N	E	R	G
S	N	T	F	Z	H	K	K	I	O	O	X	D	H	L
Y	B	I	Z	Y	D	O	V	Z	L	J	W	B	O	D
S	U	B	K	B	E	V	W	T	N	C	Q	N	L	H
L	R	U	O	P	K	L	K	X	J	M	J	X	S	V
T	G	R	F	G	M	I	F	J	K	J	U	J	T	L
H	E	Q	O	A	H	J	A	S	T	F	B	F	E	A
G	R	P	Z	D	P	G	B	L	K	Q	L	S	I	J
H	X	Q	G	Y	O	V	H	F	K	V	K	P	N	X
K	K	I	D	D	K	H	A	F	L	I	N	G	E	R
A	P	E	R	R	C	B	K	X	R	G	Q	B	R	Z

Lösung Reit-Quiz

1. a
2. b
3. c
4. b
5. a
6. b
7. a
8. c
9. b
10. c
11. a
12. a
13. c
14. b
15. c
16. a
17. c
18. c
19. b
20. c

Impressum

Deutschsprachige Erstausgabe September 2022

Ali Sayad
Horner Weg 39
20535 Hamburg
ali.sayad20099@gmail.com

ISBN Taschenbuch: 978-3-949991-11-0
ISBN Hardcover: 978-3-949991-12-7

Covergestaltung & Buchsatz
Danileoart | www.danileoart.de

Printed in Poland
by Amazon Fulfillment
Poland Sp. z o.o., Wrocław

34907807R00081